AF371234

CATALOGUE

D'UNE BELLE COLLECTION DE

LETTRES AUTOGRAPHES

PROVENANT DES CABINETS

DE FEU **M. DROMONT** ET DE FEU **M. DELESTRE**, PEINTRE D'HISTOIRE

COMPRENANT UNE

Précieuse correspondance des grands peintres **DAVID** et **GROS**

LA VENTE AURA LIEU

Le mercredi 13 décembre 1871, à sept heures du soir

SALLE SYLVESTRE, RUE DES BONS-ENFANTS, 28, SALLE N° 3

Par le ministère de Mᵉ **DELBERGUE-CORMONT**, commissaire-priseur

Rue de Provence, 8

Assisté de M. ÉTIENNE CHARAVAY

ARCHIVISTE-PALÉOGRAPHE, EXPERT EN AUTOGRAPHES

Rue des Grands-Augustins, 26

> Documents sur le XVIIIᵉ siècle; — Correspondance de GROS
> avec sa mère, 50 lettres; — Lettres de Joséphine Beau-
> harnais, Alexandre Berthier, Guérin et autres person-
> nages célèbres adressées à Gros; — 17 lettres de DAVID à
> Gros; — BOSSUET, deux lettres curieuses; — BUGEAUD (le
> maréchal); — HENRI IV; — MIRABEAU; — ROQUELAURE
> (le duc de); — ROUSSEAU (J.-J.); — SULLY; — VOLTAIRE;
> — Documents généalogiques provenant des cabinets de
> d'Hozier, Courcelles, Saint-Allais, etc.

PARIS

LIBRAIRIE J. CHARAVAY AÎNÉ, RUE DES GRANDS-AUGUSTINS, 26

LONDRES

CH. LABUSSIÈRE, correspondant spécial de la maison J. CHARAVAY aîné
9, Warwick Street, Golden Square

1871

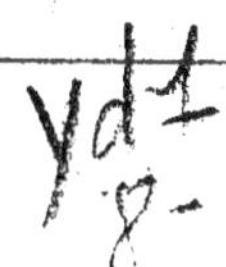

PUBLICATIONS

DE LA MAISON J. CHARAVAY AINÉ

BULLETIN MENSUEL D'AUTOGRAPHES à prix marqués, qui paraît depuis 1845. Il est envoyé gratuitement et régulièrement à toutes les personnes qui en font la demande.

L'AMATEUR D'AUTOGRAPHES. Bulletin des collectionneurs et Revue des Archives, fondé en 1862. — C'est le seul organe que les amateurs aient en Europe.

MANUEL DE L'AMATEUR D'AUTOGRAPHES, comprenant la liste, par ordre alphabétique, de tous les autographes de personnages célèbres qui ont passé dans les ventes, avec les prix qu'ils ont atteints. *En cours de publication dans notre revue.* (Il est arrivé à la lettre H.)

NOTICE SUR NICOLAS THOYNARD D'ORLÉANS, publiée d'après les notes de feu J.-Ch. Brunet, par Etienne Charavay. Br. in-8.   2 fr.

FAC-SIMILE photographié d'une lettre unique du fameux Jean-Chouan, appartenant à M. B. Fillon. In-4, sur beau bristol.   4 fr.

FAUX AUTOGRAPHES : AFFAIRE VRAIN-LUCAS. Etude critique sur la collection vendue à M. Chasles, et Observations sur les moyens de reconnaître les faux autographes, par Etienne Charavay, archiviste-paléographe, expert en autographes. Brochure de 36 pages in-8. Prix :   1 fr.

EN PRÉPARATION : Catalogue des importantes collections de lettres, autographes et de documents historiques de feu M. d'Hervilly et de feu M. Gauthier-Lachapelle.

Ces catalogues seront envoyés à toutes les personnes qui en feront la demande par lettre affranchie.

Paris. — Typographie de Ch. Meyrueis. 13, rue Cujas. — 1871.

AVIS

Il y aura, le jour de la vente, de deux à quatre heures, exposition des pièces qui seront vendues le soir. — Ces pièces seront également visibles à la librairie J. CHARAVAY AÎNÉ, du 7 au 12 décembre.

L'authenticité des autographes est garantie.

Huit jours sont accordés pour la vérification des pièces : passé ce délai, aucune réclamation ne sera admise.

Les acquéreurs payeront cinq pour cent en sus du prix d'adjudication.

M. ETIENNE CHARAVAY, *archiviste-paléographe*, chargé de la vente, remplira les commissions qu'on voudra bien lui confier.

CATALOGUE

DE

LETTRES AUTOGRAPHES

———

COLLECTION DROMONT

Documents sur le XVIIIe siècle et sur l'Emigration.

1 — ARMÉE. 39 lettres signées par les maréchaux de *Bellisle, Biron, Alègre, Broglie, Contades, Dubourg, Dumuy, Harcourt, Lorge, Mouchy, Ségur, Soubise, Tonnerre*, etc., adressées à divers, de 1750 à 1790.

Dossier curieux pour l'histoire militaire sous Louis XV et Louis XVI.

2 — MARÉCHAUX DE FRANCE. 4 l. a. s.

Broglie. 2 let. au Bon de Flachslanden; 1796-7, 2 p. 1 2 in-4. — Contades. 1780, 1 p. in-4. Intéressante. — Mailly. 1772, 2 p. in-4.

3 — MINISTRES.

56 lettres signées par *Turgot, Trudaine, Terray, Sartine, Necker, Maupeou, Miroménil, Lenoir, La Chalotais, Joly de Fleury, Duportail, Calonne, Amelot*, etc., adressées, de 1770 à 1791, à Monteynard, Du Muy et au prince de Montbarey.

Dossier important. Toutes ces lettres sont relatives à l'administration intérieure de la France et contiennent de curieux détails.

4 — NOBLESSE.

120 lettres signées de nobles, parmi lesquels nous citerons les noms suivants : *Narbonne, Montmorency, Mortemart, Mailly, Luynes, Lévis, Latour-Dupin, Gramont, Esterhazy, Duras, Croy, Choiseul, Broglie, Aiguillon, Ségur, Rohan*, etc.

Dossier fort important pour l'histoire du XVIIIe siècle, surtout pour le commencement du règne de Louis XVI. Tous les signataires sont des gens considérables par leur nom ou par leur situation, et toutes leurs lettres sont relatives aux événements de l'époque.

5 — **SAXE** (Maurice, comte de), illustre maréchal de France, le
vainqueur de Fontenoy.
> L. s. à l'abbé Teinturier; 4 septembre 1745, 1/2 p. in-fol.
> CHEVERT, illustre général.
> L. s.; Dunkerque, 24 juin 1759, 1 p. 1/2 in-fol.

6 — **SOMBREUIL** (G.-C. de VIROT de), gouverneur des Invalides,
arraché aux massacres de septembre 1792 par l'héroïque dévouement de sa fille, décapité en 1794.
> L. a. s.; Lille, 14 juin 1777, 3/4 de p. in-fol.

7 — **SOUBISE** (Charles de ROHAN, prince de), maréchal de France,
qui perdit la fameuse bataille de Rosbach.
> L. a. s. ; Lille, 12 juillet, 3 p. in-4.
> Intéressante lettre sur le camp qu'il a formé près de Lille.

8 — **ÉMIGRATION.**
> Correspondance de 59 lettres adressées au comte de La
Chapelle, maréchal de camp au service du roi de France, à
Londres, par le comte d'*Ecquevilly*, le comte d'*Escars*, le
duc d'*Esclignac*, le duc d'*Havré et de Croy*, le comte d'*Hec-
tor, Labbey de Pompierres*, le marquis de *La Roche-Aymon*,
le baron de *La Rochefoucauld*, le comte de *Précy*, le duc
de *Maillé*, le comte de *Montmorency-Laval*, le duc de *Mortemart*, le duc de *Pienne*, le comte de *Preissac*, le marquis
de *Sabran*, le duc de *Sérent*, le comte de *Vaudreuil*, le
comte de *Vergennes*, le comte de *Ségur*, le comte de *Vio-
ménil* (depuis maréchal de France), etc. ; de 1796 à 1800.
>
> Correspondance très-importante pour l'histoire de l'émigration et
la guerre de la Vendée. — La plupart sont des lettres intimes pour
des demandes de grades ou de croix. On y voit les intrigues des
défenseurs du trône et les efforts de Louis XVIII pour repousser les
quémandeurs et récompenser ses fidèles partisans. — Ainsi, une
lettre du comte F. d'Escars, datée d'Edinburgh, 8 juillet 1796, contient une note signée par *Louis de Frotté* et relatant les officiers de
l'armée catholique et royale auxquels *Monsieur* (Louis XVIII) ac-
corde la croix de Saint-Louis. Parmi ces privilégiés se trouve le
fameux chef vendéen *Picot*.

Manuscrits de M. Dromont.

9 — **PEINTURE.** Ecole française jusqu'au XVIIIe siècle, mss. aut.
de M. Dromont, renfermé en un carton in-8.
> C'est une liste alphabétique de tous les peintres de l'école fran-
çaise, avec une notice très-abrégée, et l'indication des salons où ils
ont exposé leurs œuvres. Travail fort intéressant.

10 — Notes de M. Dromont sur la Céramique, la Sculpture, la Musique, la Gravure, etc., renfermées dans un carton in-4.
> Parmi ces notes on trouve un travail, classé par ordre alphabé-
tique, sur leurs graveurs.

11 — Trois liasses de notes de M. Dromont sur les beaux-arts,
bronzes de Pompéï et d'Herculanum, objets d'art du palais
de Versailles, école flamande, etc., renfermées dans un carton in-4.

12 — Notes manuscrites archéologiques et bibliographiques de M. Dromont, renfermées en 3 cartons in-4.

COLLECTION DELESTRE

Lettres autographes.

13 — **ACADÉMIE FRANÇAISE.** 9 l. a. s.
Biot (J.-B.), *Doucet* (Camille), *Dufaure*, *Janin* (Jules), *Mérimée* (Prosper), *Sainte-Beuve*, *Scribe* et *Viennet*, 2 lett.

14 — **ARAGO** (F.), célèbre astronome, membre de l'Institut.
3 l. a. s. à M. Delestre ; 1841, 3 p. in-8.

15 — **ARCHITECTES.** 7 l. a. s.
Baltard (Victor), *Duval* (Charles), *Hittorff*, *Gauthier*, *Mazois* et *Thumeloup*. 2 let.

16 — **ARTISTES.** 7 l. a. s.
DORVAL (Marie). 2 let., 2 p. in-8. — FORSTER, graveur. 1 p. 1/2 in-8. — GEORGES WEYMER (Mlle). 1 p. in-8. — HENRIQUEL-DUPONT. 2 let., 2 p. in-4 et in-12. — MEYERBEER (G.). 1 p. in-8.

17 — **ARTISTES DRAMATIQUES.** 13 l. a. s.
Agar (Mlle), 7 let., *Allan* (Mme), *Bocage*, *Bouffé*, *Nathalie* (Mlle), *Provost* et *Stoltz* (Rosine).

18 — **BÉRANGER** (P.-J. de), célèbre chansonnier.
L. a. s. ; 1850, 1 p. in-8.

19 — **BESLAY** (Charles), représentant du peuple en 1848, membre de la Commune de 1871.
5 l. a. s. à M. Delestre ; 1858-65, 9 p. in-8 et in-12.

20 — **COMPOSITEURS DE MUSIQUE.** 8 l. a. s.
Adam (Ad.), *Alary* (Giulio), 2 let., *David* (Félicien), *Halévy* (F.), *Herz* (Henri), *Pacini*, lettre à la 3e personne, et *Strauss*.

21 — **DAVID D'ANGERS**, célèbre statuaire, membre de l'Institut.
7 l. a. s. à M. Delestre ; 8 p. in-8 et in-12.

22 — **DELACROIX** (Eugène), célèbre peintre d'histoire, membre de l'Institut.
L. a. s. ; Champrosay, 21 mai 1860, 1 p. 1/2 in-8.
Il recommande chaleureusement son vieil ami Préault pour l'exécution de la statue de saint Louis qui doit orner l'église de Saint-Paul.

23 — **DELAROCHE** (Paul), célèbre peintre d'histoire, membre de l'Institut.
1° L. a. s. ; 1835, 1 p. in-4.
Belle pièce.
2° L. a. s. ; 1 p. in-8.

24 — **DIVERS.** 6 l. a. s.,
Canrobert (le maréchal), *Desbordes-Valmore* (Mme), *Fou-*

rier (Joseph), *Magnan* (le maréchal), *Méry* et *Montholon*
(le général).

25 — **DURET** (F.), célèbre statuaire, membre de l'Institut.
7 l. a. s., dont une au crayon, à M. Delestre; 1841-50,
7 p. in-8.
Curieuses.

26 — **GAUTIER** (Théophile), célèbre écrivain.
L. a. s., 1 p. pl. in-8.
Très-jolie lettre.

27 — **GOUVERNEMENT DE LA DÉFENSE NATIONALE** (Membres du). 9 l. a. s.
Arago (Etienne), 4 let., *Arago* (Emmanuel), *Garnier-Pagès*, 2 let., et *Pelletan* (Eugène), 2 let.

28 — **HOMMES POLITIQUES.** 10 l. a. s.
Billault, *Blanc* (Louis), *Corbon*, 2 let., *Laurent-Pichat*,
2 let., *Maleville* (L. de), et *Quinet* (Edgar), 2 let.

29 — **HUGO** (Victor), illustre poëte, de l'Acad. fr.
3 l. a. s.; 3 p. in 8.

30 — **INGRES** (J.-A.-Dom.), célèbre peintre d'histoire, membre
de l'Institut.
L. a. s. à M. Ch. Blanc; Paris, 15 janv. 1850, 1 p. in-8.
Belle pièce.

31 — **INSTITUT** (Membres de l'). 15 l. a. s.
Blanc (Charles), 7 let., *Cormenin* (le vicomte de), *Lasteyrie* (F. de), *Say* (J.-B.), et *Ternaux* (Mortimer), 5 let.

32 — **LAFFITTE** (Jacques), célèbre financier et homme d'Etat.
L. a. s.; Rouen, 23 sept. 1834, 1/2 p. in-4.
Rare.
Il va retourner à Paris. « La malveillance, dit-il, paraît épuisée,
et il s'agit d'en finir de mon triste passé. »

33 — **LAMORICIÈRE**, célèbre général des guerres d'Afrique,
commandant des troupes pontificales à Castelfidardo.
L. a. s. à M. Charles Blanc; Paris, 14 mai 1849, 3/4 de p.
in-8.

34 — **LITTÉRATEURS.** 12 l. a. s
Deschanel (Emile), *Dumas* père (Alexandre), *Génoux*
(Claude), *Guillon* (l'abbé), 4 let., *Meurice* (Paul), *Pradel*
(Eug. de), *Rabbe* (A.), *Souvestre* (Emile), et *Toussenel*.

35 — **LITTRÉ** (E.), célèbre écrivain et représentant du peuple,
membre de l'Institut.
L. a. s. à M. Delestre; 1863, 1 p. pl. in-8.

VACHEROT (Et.), célèbre philosophe, membre de l'Institut.
— L. a. s. à M. Delestre, 3 p. 1/2 in-8.
Curieuse.

36 — **MÉDECINS.** 23 l. a. s.
Andral, 2 let., *Broussais*, *Cullerier*, *Dubois* (Paul), *Nélaton*, *Patrix*, 3 let., *Rayer*, *Ricord*, *Roux*, *Sédillot*, 10 let.,
et *Velpeau*.

37 — **MICHELET** (Jules), célèbre historien, membre de l'Institut.
1° L. a. s. à M. Delestre; 1854, 1 p. pl. in-8. — 2° L. a. s. au statuaire Préault, 1 p. in-12.

38 — **ORLÉANS** (Ferdinand, duc d'), fils aîné de Louis-Philippe, mort par accident, en 1842.
L. a. s. à Arago (le célèbre astronome); Verdun, 10 juin 1831, 1 p. 1/2 in-8, enveloppe et cachet.
Curieuse lettre. — Il a appris avec plaisir que les officiers et les électeurs de la 12e légion avaient présenté Arago pour leur premier candidat à la place de colonel. Il est certain que le roi, son père, partagera sa satisfaction, vu la connaissance « qu'il a acquise de votre dévouement à l'indépendance et aux libertés de la France. »

39 — **PEINTRES.** 4 l. a. s.
Drolling. 2 let., 2 p. in-8. — Hersent. 1830, 2 p. in-4. Intéressante.
Scheffer (Ary). 1 p. in-8.

40 — **PEINTRES.** 46 l. a. s.
Abel de Pujol, Arago (Alfred), *Boulanger* (Louis), 2 let., *Champmartin*, 4 let., *Charlet*, lettre au crayon, *Couder* (A.), 5 let., *Diaz* (N.), *Ducornet*, 5 let. et 1 notice sur lui-même, *Gigoux, Gosse, Gudin* (T.), *Jacquand* (Claudius), *Lejeune* (le baron). *Muller* (Ch.-L.), *Rousseau* (Ph.), 8 let., *Vauchelet*, 5 let., et *Yvon*, 6 let.
Réunion curieuse de lettres adressées pour la plupart à M. Delestre.

41 — **RÉPUBLIQUE DE 1848.** 17 l. a. s.
Barrot (Odilon), *Bastide* (Jules), 2 let., *Bixio*, 6 let., *Buchez, Guinard*, 6 let., et *Vavin*.

42 — **SAND** (George), célèbre romancière.
L. a. s., 1/2 p. in-8.

43 — **SAVANTS.** 10 l. a. s.
Boucharlat, Dumas (J.), *Geoffroy Saint-Hilaire* (Etienne et Isidore), *Liouville* (J.), *Pelouze*, 2 let., *Savary, Payen* (A.), et *Robiquet*, 2 let.

44 — **SCULPTEURS.** 13 l. a. s.
Jouffroy. 2 let. à M. Delestre, 3 p. in-8. — Pradier (J.), 2 let., 2 p. in-8 et in-12. — Préault. 9 let., la plupart à M. Delestre, 9 p. in-8 et in-12.

45 — **SCULPTEURS.** 15 l. a. s.
Allier, 5 let., *Dantan jeune*, 3 let., *Dumont* (Aug.), 2 let., *Feuchère*, 2 let., *Jaley, Lequien*, et *Seurre aîné*.

6 — **VERNET** (Carle), célèbre peintre, membre de l'Institut.
L. s. au ministre; Paris, 20 juill. 1831, 1 p. in-fol.
Intéressante lettre sur un tableau représentant l'entrée de Louis XVIII à Paris, lequel lui a été commandé en 1815, mais n'est pas et ne sera pas terminé. Il a cependant reçu un à-compte de 6,000 fr., qu'il demande l'autorisation de conserver.

Lettres du peintre Gros ou à lui adressées.

47 — **GROS** (Jean-Antoine), peintre, père du célèbre artiste.
  1° Certificat accordé au peintre Gros par le secrétaire perpétuel de l'Académie royale de peinture de Toulouse; 14 février 1758, 1 p. fol., cachet. — 2° Lettre adressée à Gros par sa mère, et relative au mariage qu'il va contracter avec Madeleine-Cécile Durant; Toulouse, 15 avril 1770, 3 p. in-4. — 3° Acte de naissance de son fils Antoine-Jean (le grand peintre). — 4° Catalogue de tableaux des écoles hollandoise, flamande et françoise, dessins de Fragonard, Robert et autres; bronzes, porcelaines, provenans du cabinet de M. Gros, peintre, dont la vente se fera le lundi 13 avril 1778 et jours suivants, de relevée, rue Saint-Honoré, hôtel d'Aligre... par J. B. P. Le Brun, peintre; *Paris, Prault*, 1788, in-8 de 39 pages.
  Gros a écrit sur le titre : *Catalogue de mon père.*

48 — **GROS** (Antoine-Jean, baron), illustre peintre d'histoire, membre de l'Institut, n. à Paris, 16 mars 1771, m. à Meudon, 25 juin 1835.
  50 lettres autographes signées à sa mère, à Paris; Florence, Gênes, Milan, Livourne, Marseille, du 12 juin 1793 au 21 nivôse an IX (11 janvier 1801), environ 140 p. in-4 et in-8.
  C'est la correspondance que Gros entretint avec sa mère pendant son séjour en Italie, qui dura de janvier 1793 à janvier 1801. Nous suivons pas à pas Gros dans la carrière que la nature lui avait choisie : nous le voyons lutter contre les obstacles, obtenir la bienveillance de Joséphine Bonaparte qui lui fait peindre le portrait de son illustre époux, être nommé membre de la commission du gouvernement chargée de rechercher les objets d'art qui se trouvaient dans les musées d'Italie pour les envoyer à Paris, rester ensuite avec l'armée en qualité d'inspecteur aux revues, puis fuir devant les Autrichiens et enfin arriver à Marseille, d'où il rentra à Paris. — C'est, en un mot, la vie de Gros écrite par lui-même. Ce précieux recueil a servi à M. Delestre pour l'intéressant travail qu'il a publié sur son illustre maître, mais il mériterait d'être reproduit en entier.

49 — **LE MÊME.** P. a. s.; Milan, 4 ventôse an VII, 1 p. in-fol.
  Déclaration contenant ses nom, prénoms, qualités, date de naissance, etc. Curieux document.

50 — **LE MÊME.** Pièce autographe, avec ratures et corrections, 6 p. 1/2 in-fol.
  Notice intéressante sur son maître David.

51 — **LE MÊME.** Manuscrits autographes, avec ratures et corrections, 14 p. in-fol. et in-4.
  Notes et esquisses pour la composition d'un tableau; — Paroles prononcées sur la tombe de MM. Denon et Coutan; — Note historique pour ses peintures de la coupole du Panthéon.
  Dossier important.

52 — VOYAGE DE GROS EN ITALIE.

1° Six pièces des sections et comités constatant que Gros a reçu, le 26 janvier 1793, grâce à un certificat des peintres David et Renou, un passe-port pour se rendre en Italie, où il va étudier la peinture. — 2° Huit pièces, certificats, permis de séjour, délivrés à Gros pendant son voyage en Italie. — 3° Lettre signée par *Monge, Berthollet, Moitte, Tinet* et *Berthelemy*, à Gros; Milan, 18 nivôse an V, 1 p. in-4, tête impr.

Lettre par laquelle ils l'attachent à la commission du gouvernement pour rechercher les objets de sciences et arts.

4° L. s. par *Monge, Berthelemy* et *Moitte*, à Gros; Rome, 21 prairial an V, 1 p. in-fol., tête impr., cachet.

Ils le désignent pour diriger un convoi d'objets d'art de Rome à Livourne.

53 — CACAULT, diplomate, chargé d'affaires de la République française en Italie.

2 l. a. s. à la citoyenne Gros; Florence, 25 prairial et 23 pluviôse an II, 5 p. in-8.

Lettres très-intéressantes sur la situation précaire du peintre Gros, dont il fait le plus grand éloge.

54 — BERTHIER (Alexandre), prince de Wagram, maréchal de l'empire.

1° L. a. s. à Gros; quartier général de Leoben, 27 germinal an V, 1 p. 1/2 in-4, tête impr.

Il le charge de lui acheter des bagues et des colliers.

2° L. a. s. au même; quartier général de Montebello, 12 prairial an V, 1 p. 1/2 in-4, vig. et tête impr.

Lettre très-affectueuse.

3° L. a. s. au même; quartier général de Poniano, 17 fructidor an V, 1 p. in-fol., vig. et tête impr.

Légère déchirure n'atteignant pas le texte.

Relative à un portrait qu'il a chargé Gros de faire.

4° L. a. s. au même; 1er novembre 1808, 2 p. in-8.

Il l'assure de la bienveillance de l'empereur et le prie de lui faire le tableau de Marengo pour sa galerie de Grosbois.

5° L. a. s. au même; 12 février 1809, 1 p. in-8.

Il lui demande de faire le tableau de Friedland pour sa galerie de Grosbois.

6° L. a. s. au même; 25 février 1810, 1 p. in-8.

Relative au tableau de Wagram pour sa galerie de Grosbois.

55 — BEAUHARNAIS (Joséphine), impératrice des Français, première femme de Napoléon Ier.

Billet aut. sig.; la Malmaison, 3e jour complémentaire, 1 p. in-18 oblong.

Laissez-passer permanent accordé au peintre Gros pour entrer aux Tuileries.

56 — LA MÊME. L. s. à Gros; Saint-Cloud, 4 brumaire an XI, 1/2 p. in-4.

Gros lui a offert de lui présenter le portrait de Bonaparte.

« C'est particulièrement au salon, dit-elle, que je le verrai avec plaisir. »

57 — LE TABLEAU DE LA PESTE DE JAFFA.

1° Lettre imprimée pour inviter au banquet offert à Gros par ses camarades, à l'occasion de son tableau de la *Peste de Jaffa*. — 2° *Vers lus au dîner donné à Monsieur Gros par les peintres de l'école française à l'occasion du couronnement de son tableau de la* Peste de Jaffa, *le 2 vendémiaire an XIII*, pièce aut. sig. de GIRODET-TRIOSON, 2 p. in-fol. — 3° Copie de la même pièce et d'un discours prononcé par Gautherot dans la même circonstance.

58 — TABLEAUX DE GROS.

1° P. signée par *Gros*; Paris, 1er août 1811, 1 p. in-fol.

Pièce par laquelle Gros demande 36,000 francs pour exécuter les peintures qui doivent orner la calotte du dôme du Panthéon.

2° L. s. de *Montalivet*, qui déclare accepter le prix demandé par Gros. — 3° 8 pièces originales, dont un projet de lettre de Gros, concernant l'exécution des susdites peintures.

Dossier fort curieux.

4° 8 lettres adressées par *Duroc, Denon, Carnot, Forbin* et *De Cailleux*, à Gros, pour des commandes de tableaux. A l'une d'elles est jointe le projet autographe de la réponse de Gros.

Réunion importante pour l'histoire de l'art.

59 — BERTHOLLET, célèbre chimiste, membre de l'Institut.

L. a. s. à Gros, à Milan; Bologne, 26 pluviôse, 1 p. in-4.

Il le prie de venir retrouver à Bologne la commission des arts. « Madame Bonaparte désire que vous apportiez avec vous à Bologne le portrait de notre héros. » — Derrière cette pièce se trouvent deux dessins qui sont sans doute de la main de Gros.

60 — GIRODET-TRIOSON, célèbre peintre d'histoire, membre de l'Institut.

L. a. s. à Gros, 1 p. pl. in-8

Jolie lettre où il l'invite à venir manger avec quelques amis une dinde aux truffes.

61 — GUÉRIN (Pierre), célèbre peintre d'histoire, membre de l'Institut.

L. a. s. à Gros; Rome, 18 vendém. an XIII, 1 p. 1/2 in-4.

Très-belle lettre de félicitations sur le tableau que Gros vient d'exécuter (il s'agit de la célèbre toile : *la Peste de Jaffa*). « Vous voilà en même temps entre les bras de la gloire et de la fortune. Laissez cette dernière vous caresser quelquefois, mais soyez toujours amant passionné de l'autre... »

62 — LE MÊME. L. a. s. (à Gros); Rome, 23 octobre 1825, 4 p. pl. in-4.

Lettre des plus curieuses sur la manie qu'ont les artistes d'aller chercher en Italie une sorte de brevet de capacité que le public, à leur grand étonnement, ne légalise pas toujours. A ce sujet, il exprime ses idées sur la peinture et sur la manière de comprendre la nature. Puis il félicite Gros de son bel ouvrage de la coupole de Sainte-Geneviève.

63 — LE BRUN (Madame Vigée), célèbre peintre de portraits.

L. a. s. à Gros, « le premier des peintres » ; 15 octobre, 1 p. pl. in-12.

Elle l'invite à venir dîner dans son ermitage.

64 — DAVID (Jacques-Louis), illustre peintre d'histoire, membre de l'Institut.

Dix-huit lettres autographes signées à son élève Gros ; Bruxelles, du 27 juillet 1815 au 24 octobre 1823, 37 p. in-8 et in-4.

Précieuse correspondance. — David, exilé comme conventionnel ayant voté la mort de Louis XVI, se réfugia à Bruxelles, et de là il entretint avec Gros une correspondance que M. Delestre nous a conservée. Gros avait gardé une grande reconnaissance pour son illustre maître et il essaya d'obtenir sa rentrée en France (voyez le numéro suivant). — Cette correspondance est des plus curieuses. David se plaint de l'injustice de ses contemporains, mais il se console par le travail. « Moi, je travaille comme si je n'avois que trente ans, dit-il dans sa lettre du 13 mai 1817 ; j'aime mon art comme je l'aimois à seize ans, et je mourrai, mon ami, en tenant le pinceau. Il n'y a pas de puissance, telle malveillante qu'elle soit, qui peut m'en priver... » — David félicite Gros sur ses tableaux et le console des critiques des envieux, laisse percer son désir de rentrer en France, et il espère qu'un jour on rendra justice, sinon à lui, au moins à ses œuvres. Il parle de la vente de ses tableaux des *Sabines* et des *Thermopyles* au musée du Louvre, et manifeste en toute occasion son amitié pour Gros. — Cette correspondance mériterait d'être publiée intégralement.

65 — GROS et DAVID.

1° L. a. s. de *Villemain* à Gros, 3/4 de p. in-4. Envoi de la pièce suivante. — 2° Projet de lettre à adresser par David à Charles X pour demander sa rentrée en France, 2 p. in-4. — 3° Projet de lettre autographe de *Gros* à David, par laquelle il lui apprend que le roi vient de le nommer baron, 2 p. 1/2 in-8. — 3° 4 lettres de Madame David à Gros ; Bruxelles, 1818-22, 5 p. 1/2 in-4 et in-8. (Curieuses.) — Passe-port accordé à Gros pour aller visiter David, 5 déc. 1823, 1 p. in-fol. — 5° Pièces relatives à la médaille que Gros fit frapper en mémoire de David.

66 — MORT DE DAVID.

1° L. a. s. du peintre Navez à Gros ; Bruxelles, 29 décembre 1825, 2 p. in-4.

Il lui annonce la mort de David, arrivée le 29 décembre, après une maladie de plus d'un mois.

2° L. a. s. du fils de David à Gros ; Bruxelles, 29 décembre 1825, 1 p. 1/2 in-4.

Touchante lettre où il annonce la mort de son père et sollicite l'autorisation de faire rentrer en France sa dépouille mortelle.

3° Projet de lettre autographe de Gros au fils de David, 1 p. 3/4 in-8.

Superbe et noble épître en réponse à la lettre précédente. « En lui, en lui seul, s'écrie-t-il, l'école française s'est élevée à la hauteur des plus beaux jours de Périclès. Puisse l'étude des chefs-d'œuvre et le ressouvenir des grandes doctrines qu'il nous a laissé la sauver de la décadence dont une si grande perte la menace. »

67 — **MONTALIVET**, célèbre ministre de Napoléon Iᵉʳ.
2 l. a. s. à Gros; 1819, 1 p. 1/2 in-4.
Belles lettres.

68 — **PEYRONNET** (le comte de), ministre signataire des ordonnances de Juillet 1830.
1° L. a. s. à Gros; Paris, 4 novembre 1824, 1 page in-4.
— 2° L. a. s. au même; Ham, 23 décembre 1834, 1 p. in-4.
Il le remercie d'avoir raconté les détails de ce qu'il a fait jadis
pour obtenir la rentrée en France du peintre David.

3° Projet de lettre autographe du baron Gros au comte de
Peyronnet, 3/4 de p. in-4.
Réponse fort curieuse à la lettre précédente.

4° Copie de la main de Gros d'une lettre de Peyronnet à
M. Pagès, député de l'Ariége, 2 p. 3/4 in-4.
C'est cette lettre qui donne à Gros l'occasion de révéler l'ho-
norable conduite du comte de Peyronnet au sujet du grand peintre David.

69 — **GUÉRIN** (J.-B.-Paulin), peintre d'histoire, né à Toulon.
L. a. s. à Gros; Paris, 8 novembre 1824, 1 page in-4.
Lettre de félicitations sur les peintures de la coupole de Sainte-
Geneviève.

70 — **HUMBOLDT** (Alexandre, baron de), illustre savant.
L. a. s. à Gros; ce jeudi (1825), 3/4 de p. in-4.
Après avoir joui du grand et admirable ouvrage de la coupole
(de Sainte-Geneviève), il sollicite un billet pour deux de ses com-
patriotes qui désirent voir ce chef-d'œuvre avant de rentrer à
Berlin.

71 — **FABRE** (F.-A.), peintre, ami et exécuteur testamentaire de
la comtesse d'Albany, fondateur, à Montpellier, du musée
qui porte son nom.
L. a. s. à Gros; Montpellier, 18 mai 1832, 1 p. 1/2 in-4.
Très-belle lettre de recommandation en faveur de Férogio, élève
de Gros.

72 — **LAFON**, célèbre tragédien.
1° L. a. s. (à Gros), 1 p. in-fol. (Curieuse.) — 2° L. a. s.
au même; 3 mars 1835, 1 p. 1/4 in-4.
Belle lettre de félicitations sur son tableau d'*Hercule et Dio-
mède* (le dernier qu'ait peint Gros).

73 — **DISTINCTIONS ACCORDÉES A GROS.**
Seize lettres originales adressées à Gros pour lui conférer
diverses distinctions, entre autres la croix de chevalier, puis
d'officier de la Légion d'honneur, le titre de membre de l'A-
cadémie de Saint-Luc et de l'Académie des Beaux-Arts de
Berlin, la croix de chevalier de l'ordre de Saint-Michel, etc.,
de 1811 à 1833.
Curieux dossier.

74 — Vingt neuf lettres adressées par divers à Gros, pour le féli-
citer sur ses ouvrages, environ 35 p. in-8 et in-4.
Parmi les signataires, nous mentionnerons le grand chimiste
Chaptal, les généraux César et Léopold *Berthier,* l'helléniste *Gail*
et *Le Chevalier,* bibliothécaire de Sainte-Geneviève.

75 — MORT DE GROS.

1° Deux pièces signées par les élèves de Gros, entre autres par *Forster*, *Rude*, *Cibot*, *Raffet*, etc., relatives au tableau des *Pyramides* que Gros n'avait pas terminé, et à une réunion annuelle des élèves du grand peintre: 2 et 15 juillet 1835, 6 p. in-4. — 2° 2 l. a. s. du peintre Pingret à M. Delestre, relatives à des propos injurieux tenus par M. De Cailleux sur Gros; 15 et 19 juillet 1835, 5 p. in-4. — 3° Liasse de lettres et notes sur la succession de Gros.

76 — GROS (la baronne), femme du grand peintre.

36 l. a. s. à M. Delestre ; 1835-36, environ 36 p. in-8.

Intéressante correspondance toute relative à son mari et pleine de renseignements curieux.

77 — Notes réunies par M. Delestre sur le peintre Gros et lui ayant servi pour son livre, réunies en trois liasses.

LETTRES AUTOGRAPHES

provenant du cabinet de M. D***.

78 — AYDIE (le chevalier d'), l'amant de Mademoiselle Aïssé.

L. aut. à l'abbé Alary; Madrid, 20 nov. 1744, 3 p. in-4.

Légère déchirure n'atteignant pas le texte.

Intéressante lettre où il annonce qu'on vient de lui donner le commandement de la Vieille-Castille, avec le titre de capitaine général de cette province. — Nouvelles de l'escadre de Cadix et de l'Infante.

79 — BEAUHARNAIS (Eugène), vice-roi d'Italie, n. 1781, m. 1824.

L. s. ; Saint-Leu, 1er juin 1814, 1/2 p. in-4, papier de deuil.

Légère déchirure n'atteignant pas le texte.

Curieuse. — Désirant faire part à l'empereur Napoléon de la mort de l'impératrice Joséphine, il demande un passe-port pour le courrier qui devra aller porter cette nouvelle à l'île d'Elbe.

80 — BELZUNCE (Henri), évêque de Marseille, célèbre par son dévouement lors de la peste de 1720, n. 1671, m. 1755.

L. a. s.; Marseille, 24 déc. 1737, 1 p. in-4.

81 — BÉRANGER (P.-J. de), célèbre chansonnier, n. 1780, m. 1857.

2 l. a. s. à Madame Villé ; 1844, 2 p. in-8.

82 — BERTRAND DE MOLEVILLE (Ant.-Fr., marquis de), intendant de Bretagne, ministre de Louis XVI, auteur de *Mémoires*, n. à Toulouse, 1744, m. 1818.

L. a. s. à M...; Rennes, 19 août 1785, 2 p. 1/2 in-fol.

Intéressante lettre sur la conduite du Parlement de Bretagne et sur les lettres-patentes qui concernent les perruquiers de Nantes.

83 — BONAPARTE (Joseph), roi de Naples, puis d'Espagne, frère de Napoléon Ier, n. 1768, m. 1844.

L. a. s. à un général; New-York, 3 oct. 1819, 1 p. 3/4 in-4.

Belle lettre où il le remercie de ses témoignages d'amitié et lui mande qu'il est à New-York le but de tous les malheureux de la

France, de l'Espagne, de l'Italie, de la Pologne, ce qui l'empêche, malgré ses efforts, de satisfaire personne.

84 — **BONAPARTE** (Pierre), fils de Lucien, représentant du peuple en 1848, fameux par le meurtre de Victor Noir, n. 1815.
L. a. s. à M. Prélat; Auteuil, (1854), 2 p. in-8.

85 — **BOSC** (L.-Aug.-Guill.), célèbre naturaliste, tuteur et ami de Madame Roland, dont il publia les *Mémoires*, membre de l'Institut, n. 1759, m. 1828.
L. a. s. à un ami; Villefranche, 16 fructidor an III, 3 p. in-4.
Curieuse épître par laquelle il déclare vouloir refuser les fonctions qu'on lui a données à l'administration des postes. Il donne ses raisons et se plaint que les places soient tenues par les fauteurs du terrorisme ou les partisans de la royauté. « Certes, si le pouvoir exécutif n'est pas composé des purs élémens du girondisme, il faut renoncer à l'espoir de voir la nouvelle Constitution consolidée; il faudra abandonner notre malheureuse patrie !... »

86 — **LE MÊME.** 1° L. a. s.; Paris, 13 brumaire an XIII, 2 p. 1/2 in-4. (Intéressante.) — 2° L. a. s. à M. Gilbert; Paris, 26 fév. 1828, 3 p. 1/2 in-4. (Scientifique.) — Note autographe, à la 3e personne, pour Thoüin, 2 p. in-4.

87 — **BOSSUET** (J.-Bénigne), l'illustre évêque de Meaux, n. 1627, m. 1704.
L. a. s. à Madame d'Albert de Luynes; Germigny, 12 août 1694, 2 p. 1/4 in-4, cachet brisé.
Epître mystique. « L'acte d'abandon est excellent, mais j'ay mes raisons pour vous demander la manière dont vous le faites, non par aucun doute sur vous, mais par rapport à d'autre personnes qui le font très-mal et de la manière qui induit à tenter Dieu, ce qui est bien loin de vous. Continuez comme vous faites...»

88 — **LE MÊME.** L. a. s. au prieur de Claye; Versailles, 6 déc. 1697, 1 p. 1/2 pet. in-4, cachet.
Curieuse épître sur un mariage.

89 — **BUFFON** (le comte de), illustre naturaliste et écrivain, de l'Académie française, n. 1707, m. 1788.
L. s. à M. Jolly des Isleaux; Montbard, 27 juillet 1777, 1 p. in-4, cachet brisé.
Jolie lettre. Légère tache.

90 — **BUGEAUD** (Th.-Robert), duc d'Isly, maréchal de France, n. 1784, m. 1849.
L. a. s. à Blanqui (l'économiste); La Durantie, 27 octobre (1846), 2 p. 1/4 in-8.
Légères taches.
Curieuse. — Il part pour Alger et l'engage à venir l'y retrouver. Alexandre Dumas doit faire le voyage. « S'il met l'Afrique en feuilletons, il la popularisera mieux que moi. » — La campagne a porté ses fruits. « Abd-el-Kader n'a pas encore osé reparaître, et dans ses lettres interceptées il nous rend plus de justice que nos concitoyens. »

91 — **CHAMPOLLION-FIGEAC** (J.-J.), frère de Champollion le Jeune et son digne continuateur, n. 1778, m. 1867.
5 l. a. s., 6 p. in-8.
Intéressantes.

92 — COMÉDIE ITALIENNE.

Pièce signée par *Carlin, Favart, Granger, Clairval, Camérani, Carline, Dugazon,* etc.; 23 octobre 1782. 1 p. in-fol.

Document curieux par lequel ils demandent l'autorisation de donner au Sr Lecontre, qui vient de faire ses débuts, 4,000 livres par an. — Le maréchal de Richelieu a mis sur la pièce son approbation aut. sig.

93 — DAVID (P.-J.), d'Angers, illustre statuaire, membre de l'Institut, n. 1789, m. 1856.

1° 5 l. a. s. au statuaire Le Goupil; Paris, 1834-35, 9 p. in 4.

Très-intéressante correspondance sur les travaux de l'arc de triomphe de l'Etoile et sur le bas-relief qu'il sculpte au fronton du Panthéon.

2° 4 l. a. s. au même, 4 p. in-8.

94 — DELACROIX (Eugène), célèbre peintre d'histoire, membre de l'Institut, n. 1799, m. 1863.

L. a. s. au comte...; 7 janvier 1857, 2 p. 1/4 in-8.

Superbe lettre où il lui demande son appui pour entrer à l'Académie des Beaux-Arts. (Delacroix fut en effet nommé en remplacement de Paul Delaroche.)

95 — DIVERS. 6 l. a. s.

AUGIER (Emile). 1 p. in-12. — BEAUVALLET, tragédien. 1 p. 1/2 in-8. — BERNHARDT (Sarah), actrice. 1 p. in-12. — DULAURE. 1 p. in-8. — HALÉVY (F.), compositeur de musique. 1/2 p. in-8. — SARDOU (Victorien). 1 p. in-8.

Légère déchirure.

96 — DU BOCCAGE (Marie-Anne LE PAGE), célèbre femme poëte, n. à Rouen, 1710, m. 1802.

L. aut., à la 3e personne, à Pougens, 1 p. in-8 oblong.

Jolie lettre.

97 — EISEN (Charles), peintre et graveur, célèbre par ses vignettes et ses culs-de-lampe, n. 1721, m. 1778,

P. a. s.; Paris, 8 juin 1770, 1/2 p. in-8 oblong.

Peu commun.

Il reçoit de Baculard d'Arnaud 54 livres pour le payement du dessin de Fayelle.

98 — HENRI IV, roi de France, n. 1553, assassiné en 1610.

L. s., comme roi de Navarre, avec le *visa* aut. sig. de DUPLESSIS-MORNAY; La Rochelle, 11 juin 1588, 1/2 p. in-fol.

99 — HUGO (Victor), célèbre poëte, de l'Acad. fr., n. 1802.

1° 7 l. a. s., 7 p. in-8 et in 12. — 2° 2 l. aut., sig. V. H., 3 p. in-12.

100 — LÉOPOLD Ier, roi des Belges, n. 1790, m. 1865.

L. s., avec la souscript. aut., à un souverain; Bruxelles, 10 juin 1840, 1 p. 1/2, in-4.

Belle lettre par laquelle il lui annonce la naissance d'une fille. (Il s'agit de la malheureuse princesse Charlotte, mariée à Maximilien d'Autriche, et impératrice du Mexique.)

101 — LOUIS-PHILIPPE Ier, roi des Français (1830), n. 1773, m. 1850.

L. aut., sig. D.; Neuilly, 27 oct. 1826, 4 p. pl. in-8.

Relative aux réparations faites au palais Royal.

102 — **MIRABEAU** (H.-G. Riquetti, comte de), l'illustre orateur de l'Assemblée constituante, n. 1749, m. 1791.

> L. a. s. à M. de Rougemont, gouverneur du donjon de Vincennes; 29 mai 1779, 1/2 p. in-8 oblong, cachet.

Jolie lettre où il demande si M. Boucher a examiné la lettre qu'il a adressée à son père et l'a trouvée convenable.

103 — **MOLIÈRE** (Elisabeth Béjart), célèbre actrice, femme de l'illustre auteur comique, n. 1645, m. 1700.

> Quittance sig., sur vélin; Paris, 30 nov. 1679, 1 p. in-8 oblong.

Quittance donnée comme veuve de Jean-Baptiste Pocquelin, sieur de Molière, « vivant vallet de chambre et tappissier du roy. »

104 — **RÉVOLUTION FRANÇAISE.**

> L. aut., sig. *Roussillon*, juge guillotineur; Paris, 6 sept. an II, 1 p. in-fol.

Pièce curieuse par sa signature et par son contenu. — Roussillon certifie le républicanisme de Moras, son collègue et ami, qui a été jadis persécuté pour son patriotisme, alors que lui, Roussillon, était, par ordre de Lafayette, dans les cachots de l'Abbaye. Il demande que ce Moras soit réintégré dans ses fonctions de médecin.

105 — **ROQUELAURE** (Gaston-J.-B., duc de), lieutenant-général, gouverneur de Guyenne, célèbre par ses bons mots, n. 1617, m. 1683.

> L. a. s. à Monseigneur (le cardinal Mazarin); Abbeville, 30 mai 1645, 1 p. pl. in-4.

Belle lettre où il le remercie de l'employer comme maréchal de camp dans l'armée du roi.

106 — **ROUSSEAU** (Jean-Jacques), le grand écrivain, n. 1712, m. 1778.

> L. aut., sig. *Renou*, à l'abbé Borin; Monguin, 19 mars 1769, 1 p. in-8, cachet brisé.

Jolie pièce.

107 — **SAINT-PIERRE** (Bernardin de), l'auteur de *Paul et Virginie*, n. 1737, m. 1814.

> L. a. s. au Dr Joyand; Paris, 29 mars 1788, 1/2 p. in-4.

Il le prie d'accepter le 4e volume de ses *Etudes de la Nature*.

108 — **SULLY** (Maximilien de Béthune, duc de), le grand ministre de Henri IV, n. 1560, m. 1641.

> L. a. s. à Son Eminence (le cardinal de Richelieu); Sully, 20 janv. 1639, 1 p. in-4.

Belle lettre où il exprime sa satisfaction de voir son petit-fils de Henrichemont rechercher une fille qui est dans l'alliance du cardinal. (Il s'agit de Maximilien-François de Béthune, 2e duc de Sully, qui épousa, le 3 février 1639, Charlotte Séguier, fille du chancelier.)

109 — **TALMA** (H.-Jos.), le grand tragédien, n. 1763, m. 1826.

> L. a. s. à M. Lemaitheyer, régisseur du théâtre d'Anvers; Bruxelles, ce 15, 1 p. in-4.

Relative aux représentations qu'il doit donner à Anvers.

110 — **VOLTAIRE** (F.-M. Arouet de), le plus grand génie littéraire du XVIIIe siècle, n. 1694, m. 1778.

L. a. s. à S. A. Sérénissime le cardinal...; ce vendredi,
2 p. in-4.

Jolie lettre où il parle de Madame Du Chastellet et envoie au
cardinal des vers qu'il lui a demandés.

DOCUMENTS GÉNÉALOGIQUES

Provenant des cabinets de D'Hozier, Chevillard, Courcelles, Saint-Allais, etc.

111. — NOBLESSE. XVe et XVIe siècles.

32 dossiers généalogiques, contenant des pièces originales,
la plupart sur vélin, des XVe et XVIe siècles, sur des familles
nobles, parmi lesquelles nous citerons les noms suivants :
*Budes, Dampierre, Desboues, Duchemin, Du Deffand, Du
Lac, Fourre de Beaulieu, La Motte, Longuejor, Montigny,
Orly de Courcy, Thou (De), Ursins, Verdure,* etc., etc.

Ces dossiers, classés séparément dans des chemises, pourront
être divisés. Cette observation s'étend aux numéros suivants.

112. — NOBLESSE. XVIIe siècle.

87 dossiers généalogiques, contenant des pièces du XVIIe
siècle concernant des familles nobles, entre autres les sui-
vantes : *André, Arnolet de Lochefontaine, Baugy, Blaires
d'Oyauville, Boutevillain, Cahouet, Chastenet, Croussy
de Beauvezé, Du Bellay, Dufay, Guémadeuc (Du), Hally,
Hotman, Juigné, La Rivière, Le Febvre de Cormont, Le
Page de Beaucourt, Leshildry, Mérault de Corbeville,
Puget de Pomeuse, Raguin des Gouttes, Richelieu, Tescle
de Ligneville,* etc., etc.

113. — NOBLESSE. XVIIIe et XIXe siècles.

120 dossiers généalogiques, contenant des pièces et lettres
des XVIIIe et XIXe siècles, sur des familles nobles, parmi
lesquelles nous citerons les noms suivants : *Balzac d'Illiers,
Bèze, Bony de La Vergne, Brunet de Chailly, Cicé, Crozat,
Drouyn de Vaudreuil, Du Chastelet, Galliffet, Hibon de
Frohen, La Ferté Senectère, Lubersac, Menou, Nesle, Potier
de Novion, Sabran, Sahuguet d'Espagnac, Vence,* etc., etc.

114. — DOCUMENTS HISTORIQUES.

14 dossiers contenant des pièces manuscrites du XVIIIe
siècle sur divers sujets : paix de Dresde, mariage projeté
entre Louis XV et la fille du roi d'Espagne Philippe V, traité
entre la trésorerie nationale et la compagnie Flachat en l'an IV,
lettre du maréchal de Castries, requête des pairs de France à
Louis XV, mémoire sur les syndics des paroisses, pièces sur
l'ordre du Saint-Esprit, sur le duché de Montpensier, état
des revenus du roi en 1757, etc., etc.

Réunion curieuse.

115. — ESTRÉES (César, cardinal d').

Lettres adressées à Louis XIV par le cardinal d'Estrées,
envoyé à Rome pour y traiter l'affaire de la Régale, en 1680,

manuscrit du XVIIe siècle, 4 vol. d'environ 300 p. in-fol., portraits ajoutés, demi-rel. vélin.

Recueil historique très-important.

116 — **LORRAINE.** 6 pièces concernant la Lorraine; de 1469 à 1779.

117 — **MONNAIES** (cour des).

Extraits de toutes les ordonnances faites par nos rois sur le sujet des monnoies et de la jurisdiction et authorité de la Cour des Monnoies, manuscrit du XVIIe siècle, environ 200 p. in-fol.. dem.-rel. bas.

118 — **NORMANDIE.**

7 dossiers contenant des pièces des XVIIe et XVIIIe siè-cles sur les familles *De Chaulieu, Gouy de Montgiron, Heurtault de Lammerville, Le Ver, Lombelat des Essars, Osmont, d'Aubri* et *Sainte-Marie d'Agneaux.*

Le dossier Osmont d'Aubri contient une magnifique généalogie de la famille, signée par D'Hozier, avec le blason colorié.

119 — **PARIS.** 2 pièces.

1° Quitt. sig., sur vélin, par Antoine Guiot, sieur de Char-meau, *prévôt des marchands de la ville de Paris;* 1604, in-4 oblong. — 2° Quitt. sig., sur vélin, par Ch. Du Plessis, sieur de Liancourt, *gouverneur de Paris;* 1614, in-4 oblong.

120 — **POLOGNE.**

Notice historique et généalogique sur la maison des Leszczyc de Rodolin (originaire de Pologne), mss. du XIXe siècle, avec des blasons, 44 p. in-4, cart.

121 — **PROVINCES.**

10 dossiers contenant environ 45 pièces, du XIVe au XVIIIe siècle, concernant les villes d'*Aurillac, Dol, Laon, Lyon, Poissy, Rennes, Romorantin, Saint-Brieuc, Saint-Flour* et *Saint-Lô.*

122. — **CHEVALIERS DE St-LOUIS SOUS LA RESTAURATION.**

L. aut. sig. de Louis-René *Jullien de Bonval*, ancien capi-taine de cavalerie, aux membres du conseil d'administration de l'association paternelle des chevaliers de Saint-Louis; Nantes, 22 janvier 1816, 3 p. in-fol.

Très-curieuse lettre où il leur propose d'ouvrir à Nantes un bu-reau de souscription pour les veuves et orphelins des chevaliers de Saint-Louis. — C'est un modèle de calligraphie, avec des lettres ornées. La pièce commence par les armes de France, dessinées à la plume et entourées de cette devise : *Vivent les fils de saint Louis, mon patron !* A la fin on trouve ces mots : *Vivent les fils du grand Condé !* La 3e page est remplie par un acrostiche sur Louis XVIII, le bien-aimé, et qui reproduit ces mots : *Louis le Désiré.* Rien de plus bouffon que ces vers bizarres dont voici un échantillon, qui forme le titre de la pièce :

> « Du bon Louis 16, l'infortuné,
> « Passons à Louis 18, le désiré,
> « N'ayant pas le talent des vers mesurés,
> « Je n'emploie que les bouts rimés. »

Paris. — Typ. de Ch. Meyrueis, 13, rue Cujas. — 1871.